PASCALE LECONTE

# Empathique – Toxique

Comprendre leurs fonctionnements,
leurs différences

*Couverture :* Pascale Leconte. Pixabay.

© 2024 Pascale Leconte
Édition : BoD - Books on Demand, info@bod.fr
Impression : BoD - Books on Demand,
In de Tarpen 42, Norderstedt (Allemagne)
Impression à la demande
ISBN : 978-2-3225-2145-6
Dépôt légal : Mars 2024.

# PRINCIPE DE BASE

## EMPATHIQUE :

Les personnes empathiques ont conscience que d'autres gens pensent et ressentent les choses différemment. Même s'ils ne sont pas toujours d'accord avec eux, ils comprennent qu'ils aient d'autres choix de vie, d'autres opinions. Ils les respectent et ils se respectent eux-mêmes.
Bien entendu, leur bien-être est important, mais celui des autres, en particulier des gens qu'ils aiment, est tout aussi primordial. Cela nécessite souvent des compromis, afin que tout le monde y trouve son compte.
C'est normal, il s'agit de la vie en société.

**TOXIQUE :**

La personne toxique sait que l'unique être important en ce bas monde, c'est lui-même.
Les autres ne sont que des sortes d'objets pour servir leurs besoins, leurs envies, leurs intérêts personnels.
Ils sont le centre de leur monde. Ils sont le centre du monde. Tout simplement.

# DEVISE

## EMPATHIQUE :

« Faites aux autres ce que vous aimeriez qu'on vous fasse. »

**TOXIQUE :**

« Faites ce que je dis, pas ce que je fais. »

## PERVERS NARCISSIQUES

**EMPATHIQUE :**

La proie idéale des pervers narcissiques est la personne emphatique.
Car le pervers narcissique abuse des qualités morales et de la gentillesse de sa proie dans l'unique but d'assouvir ses propres besoins.

**TOXIQUE :**

Une personne toxique est un pervers narcissique et/ou toute la déclinaison de personnalités perverses et/ou narcissiques qui le rend dépourvu de toute empathie envers qui que ce soit d'autre que lui-même.

# ANALOGIE

## EMPATHIQUE :

Afin de mieux comprendre le fonctionnement empathique, vous pourriez faire l'analogie de l'empathie avec la chaleur corporelle.
Vous pourriez comparer la personne empathique à un animal à sang chaud.
Ce genre d'êtres vivants produit lui-même sa chaleur. Il génère automatiquement et constamment la chaleur dont son corps à besoin pour vivre. Il diffuse même un peu de cette chaleur corporelle autour de lui.
Quand on lui tient la main, quand on dort à ses côtés, il nous réchauffe sans même qu'il en ait conscience.
Il n'a pas de jugement concernant cette émanation de chaleur, selon lui, il n'y a pas d'autre fonctionnement possible. C'est une évidence.

**TOXIQUE :**

Vous pourriez comparer la personne toxique à un animal à sang froid.
Ce genre d'êtres vivants ne produit aucune chaleur. Cet être est froid, glacé et quand il veut ressentir de la chaleur, il est forcé de s'exposer à une source de chaleur.
Toutefois, cet être ne peut survivre longtemps sans chaleur. Il doit se faire réchauffer par les rayons de l'astre solaire, par exemple. La chaleur qu'il ressent alors provient d'une source extérieure à lui-même et c'est naturel pour lui. Il n'imagine pas qu'il y ait un autre type de fonctionnement possible.
Si un être à sang froid veut avoir chaud, il doit d'abord trouver une source solaire ou autre qui diffuse de la chaleur. Ainsi seulement, l'être à sang froid peut emmagasiner un peu de chaleur qui disparaîtra dès que la source chaude lui sera ôtée.
Voilà comment fonctionne la personne toxique par rapport à l'énergie qui lui est vitale. Elle ne parvient pas à la produire elle-même, elle est forcée de la voler, d'une manière ou d'une autre, à quelqu'un qui en génère naturellement. C'est une question de vie ou de mort pour sa santé mentale et physique.

# CENTRE DE L'ATTENTION

**EMPATHIQUE :**

Dans la majeure partie des cas, la personne empathique n'aime pas particulièrement être au centre de l'attention. Cette attention à son égard peut le mettre mal à l'aise, cela le dérange par rapport aux autres. Il aime que tout le monde ait une juste place et qu'il y ait une harmonie quant à l'importance de chacun dans le groupe.
Il a une peur panique qu'on parle de lui de manière négative et il veillera à se comporter le mieux possible en toutes circonstances afin que personne n'ait jamais rien à lui reprocher. C'est pour cela que l'empathique a beaucoup de mal à affirmer ses idées quand celles-ci sont à l'opposé de la majorité. Il craint d'être rejeté, exclu de la société.
En général, la personne empathique n'aime pas prendre le pouvoir en devenant le chef d'un groupe ou d'un parti.
De quel droit aurait-il un pouvoir sur les autres ?
Pourquoi aurait-il le droit de prendre une décision qui concerne d'autres personnes que lui ?
Il ne se sentira jamais assez légitime pour cela.

## TOXIQUE :

La personne toxique est toujours au centre de l'attention de son entourage. Il en a besoin, il va tout faire pour que cela persiste et que personne d'autre ne puisse prendre cette place centrale.
Il attire même l'attention sur lui lorsqu'il est absent ! Car les gens se plaignent, s'étonnent ou se scandalisent de ses faits et gestes souvent intolérables, insensés.
Ainsi, quand le toxique n'est pas présent, il fait encore parler de lui en raison de ses frasques, de son comportement amoral ou des conflits qu'il génère par son attitude injuste.
Qu'on le mentionne en bien ou en mal importe peu, le principal est qu'il soit toujours au cœur des discussions !
Le toxique adore les postes à hautes responsabilités, ainsi il pourra diriger le plus de monde possible. Il sera le chef de sa famille et aura tous les droits et les pouvoirs sur son conjoint et sa descendance, voire sur sa fratrie.
S'il peut exercer son emprise au-delà du cercle familial, il le fera à coup sûr. Plus il sera haut dans la hiérarchie, mieux il se portera. Il adore donner des ordres et se faire respecter malgré son comportement souvent abusif.
Le pire pour lui est d'être sous l'autorité d'un supérieur. Il se voit alors dépossédé de son emprise sur lui-même et sur le monde. Il ne restera pas longtemps en bas de l'échelle sociale.

# CLEPTOMANIE

**EMPATHIQUE :**

     Voler, c'est mal. C'est terrible et injuste pour la personne qui subit ce vol.
Aussi, les personnes empathiques détestent le vol et, pour rien au monde, ils ne voleraient.
Si leur jeunesse, leur influençabilité ou leur pauvreté les font tomber dans ce vice, ils s'en voudront et culpabiliseront de nombreuses années après le méfait.
Souvent aussi, une fois que leur finance le leur permettra, ils « rembourseront » l'objet volé à la personne concernée ou en bonnes actions envers d'autres gens.
Ils regrettent et détestent faire ce genre de chose.

## TOXIQUE :

Bien souvent, une personne toxique est un voleur assidu. Il vole dès qu'il en a l'occasion.
Quand il se fait prendre en flagrant délit, il niera les faits en prétextant s'être trompé, être persuadé que l'objet volé lui appartenait ou au contraire, que cette chose n'appartenait à personne. Il niera ou mieux, fera accuser une autre personne à sa place. Ainsi, il s'en tirera presque toujours sans problème.
Et puis, face à lui, il a souvent des personnes empathiques prêtes à l'écouter, le comprendre et lui pardonner. Il sait se faire plaindre, évoquer son enfance difficile, sa pauvreté, l'injustice de la vie à son égard. Tout pour justifier l'injustifiable.
Mais il sera incapable de cesser cette habitude, la cleptomanie est une maladie qui ne se guérit qu'à de rares exceptions seulement. En premier lieu car le cleptomane refuse de voir la vérité sur son état et préfère vivre dans le déni de son problème. Dans ces conditions, aucun changement ne sera jamais possible.
Les toxiques ne se sentiront jamais coupables de leurs actes, et ils trouveront toujours un parfait justificatif extérieur à eux pour s'épargner le moindre remords.
Ils aiment voler, c'est comme un jeu. L'idéal étant de voler quelque chose d'inutile.

D'ailleurs, bien souvent, ils n'ont que faire de l'objet du délit une fois rapporté chez eux. Cet objet sera vite oublié dans un placard ou carrément à la poubelle. L'objet volé n'a aucune valeur en soi, il sert surtout à ressentir de la supériorité, de l'invulnérabilité, il lui offre une dose d'adrénaline dans leur quotidien fade et monotone.
Le vol est souvent couvert par une très habille capacité à mentir, ce dont les personnes toxiques sont maîtres en la matière (voir le chapitre suivant : mythomanie).

# MYTHOMANIE

## EMPATHIQUE :

Les personnes empathiques sont de piètres menteurs. Pourquoi ?
Parce que mentir les dérange profondément, cela les met mal à l'aise. Ils savent pertinemment que mentir est mal vu, mal considéré et sujet à l'exclusion quand le mensonge est démasqué. De plus, ils mentent mal car ils mentent peu, voire jamais. Ils ne peuvent donc parfaire ce « talent » d'affabulateur.
Ils s'en sortent à peine avec le mensonge par omission. Dans ce cas, la vérité leur brûle les lèvres et ils ont du mal à tenir leur langue.
Les gens empathiques prônent la vérité, la sincérité, la profondeur des sentiments et des discussions. Le mensonge en est tout l'opposé.
Ils ne s'en servent qu'à de très rares occasions, lorsqu'ils ne trouvent aucune autre issue à leur problème. Souvent, cela ne durera pas, car ils se font vite repérer ou ils avouent par culpabilité.

## TOXIQUE :

Les gens toxiques mentent comme ils respirent et ce, depuis qu'ils ont appris à parler.
Ils ont un tel vide à l'intérieur d'eux-mêmes qu'ils ne pourraient l'évoquer à leur entourage (ni à eux-mêmes) sans être rejetés. Ils fonctionnent d'une manière si anti-sociale et égocentrique qu'ils sont forcés de masquer leurs véritables intentions derrière de belles paroles, de beaux idéaux.
Ils sont des menteurs si chevronnés qu'ils en arrivent à croire eux-mêmes, sincèrement, à leurs propres mensonges !
Leur mensonge devient leur vérité absolue. Selon eux, ils ne mentent pas.
Ils ont une vision de la vie qui justifie toutes leurs actes, leurs bassesses, leurs violences envers les autres. Le mensonge est utile dans leur quête de manipulation de leur entourage à des fins personnelles, sinon personne ne tomberait sous leur emprise. Ils n'ont donc d'autres choix que de mentir en permanence et à tout le monde.
Et comme ils sont entourés de gens empathiques, ces derniers les préservent quand ils découvrent leur mensonge. Encore une fois, le toxique sait se victimiser pour s'attirer la clémence. On lui pardonne, il promet qu'il ne recommencera plus. Le voilà déjà en train de mentir.

## LEUR CORPS

## **EMPATHIQUE :**

Les empathiques aiment prendre soin de leur corps lorsqu'ils vont bien et qu'ils sont épanouis dans la vie. C'est-à-dire que s'ils dépriment ou ont de gros soucis, leur corps ne sera pas aussi bien traité et soigné que lorsqu'ils sont heureux.
Ils aiment les massages, les piscines, douches ou bains, cela les relaxe et ils s'y sentent bien.
Ils aiment offrir des soins à leur peau, à leurs cheveux. De la crème hydratante, des masques de beauté, des soins capillaires et autres, ils adorent chouchouter leur corps car ils savent à quel point leur corps est précieux et essentiel.
Les empathiques essaient de se nourrir correctement de l'intérieur (alimentation équilibrée, boire de l'eau, pas trop de soda) et de l'extérieur (sport, marche, massage, baignade).
Normal me direz-vous ? Attendez de voir le rapport que les gens toxiques entretiennent avec leur corps.

## TOXIQUE :

Il est fréquent que les gens toxiques le soient aussi vis-à-vis de leur propre corps... Souvent, ils sont intransigeants avec leur apparence : tout doit être impeccable et irréprochable ! Leur coiffure est toujours parfaitement brossée, teintée, coupée.
La plupart d'entre eux ne commencent jamais leur journée sans se maquiller. Ils accordent beaucoup de temps et d'argent à leur physique. Ils savent qu'une apparence parfaite leur facilitera la vie : plus ils sont beaux, plus ils pourront séduire et manipuler facilement les autres.
Leurs habits sont parfaitement repassés, achetés chez des marques connues si possible, idem pour leurs chaussures.
Comme ils sont insensibles aux besoins et au confort de leur corps, ils mangent le strict nécessaire pour être rassasiés. Ainsi, ils sont souvent minces et répondent aux canons de la beauté physique.
En revanche, il existe aussi l'opposé chez les personnes toxiques : ils mangent trop et mal (fast food, pizza, cola, tacos...). Ils ont alors des problèmes d'embonpoint ou d'obésité. L'important pour eux est de se faire servir à manger par leur parent, leur ami, leur conjoint ou toutes autres personnes, tel un souverain. Ils sont le centre du monde et le monde doit les nourrir.

Bref, soit ils sont minces, voire maigres, soit ils sont bien en chair, voire obèses.

Il est d'ailleurs fréquent aussi, que les gens toxiques passent précisément d'un corps taille mannequin à un corps gros ou même obèse. Durant leur jeunesse, ils sont maigres et, passé un certain âge, ils basculent dans un embonpoint qui ne les quittera plus.

Le corps du toxique n'a aucune importance, aucune existence, pour lui. Pas plus que le corps des autres personnes qui peuplent cette planète. Pas plus d'ailleurs que la planète elle-même !

# ENFANCE

## EMPATHIQUE :

L'enfance est le moment des expériences et des apprentissages par excellence.
Les personnes empathiques peuvent donc, durant leur enfance, voler, mentir ou être violents. Toutefois, ils sont mal à l'aise avec ces comportements. Ils regrettent leurs actes, essaient de ne plus le refaire et demandent sincèrement pardon.
Bien souvent, en grandissant, ils n'auront plus jamais recours à ce genre de comportements toxiques.
Ils ont appris, ils ont grandi en sagesse et en maturité.

## TOXIQUE :

À quelques exceptions près, un adulte toxique était déjà un enfant toxique. Même si cela était moins visible car un enfant a, par définition, moins de pouvoir, d'emprise sur les autres, moins d'autonomie qu'un adulte. La plupart des enfants toxiques expérimentent la cleptomanie (le vol), la mythomanie (le mensonge), la cruauté et la violence (verbale ou physique) au quotidien.
Ils sont cruels envers des êtres plus petits et plus fragiles qu'eux-mêmes, tels que des insectes, des animaux ou même, leurs frères et sœurs cadets.
Il convient donc aux parents d'être vigilants sur ce fait afin de protéger la fratrie.
L'adulte toxique garde toute sa vie le comportement d'un enfant. Immature, insouciant, fuyant les responsabilités, vivant au jour le jour sans avoir un projet à long terme.
Leur vision de la vie reste celle d'un enfant : égocentrisme, nombrilisme, amusement, dépenses illimitées, irresponsabilité, petit ou grand méfait…

# ÊTRE PARENT

## EMPATHIQUE :

Le parent empathique donnerait sa vie pour sauver son ou ses enfants.
Ses enfants représentent ce qu'il a de plus précieux au monde.
Il aime leur offrir l'attention, le temps et les soins dont ils ont besoin, sans compter. C'est bien naturel, car lui-même a reçu cela de ses propres parents et il leur en sera éternellement reconnaissant.
De toute manière, le parent empathique n'a pas d'autre choix que d'aimer et de prendre soin de sa progéniture car il se sent lié à eux de manière viscérale.
Son empathie est à son comble quand il s'agit de ressentir la peine ou la souffrance de ses enfants. Leur douleur est insupportable pour le parent empathique.
L'épanouissement de leur enfant est aussi important, voire plus, que son propre épanouissement.

## TOXIQUE :

Le parent toxique « utilise » ses enfants, voire sa propre grossesse, comme un faire-valoir.
Le toxique pense qu'il a droit de vie et de mort sur sa progéniture puisqu'il en est le géniteur.
Ses enfants sont vus comme un atout pour lui. Par exemple, un enfant peut obliger un conjoint empathique à rester auprès du conjoint toxique en vertu de sa responsabilité parentale.
Une femme toxique peut tomber rapidement enceinte afin de forcer son compagnon à rester en couple avec elle. Ce stratagème fonctionne particulièrement bien avec les personnes empathiques.
Aussi, un enfant donne un certain prestige social à ses parents.
Autre exemple, une femme toxique cherche à être le centre de l'attention, être enceinte est donc un moyen comme un autre pour y parvenir. Elle profite de cette « grossesse » pour se faire admirer, servir, aider. Le jour où son enfant naît, la mère toxique est déstabilisée de perdre son aura toute-puissante au profit de son nourrisson.
Parmi les mères qui mettent leur enfant en adoption, il est fréquent que ce soit une femme toxique. En effet, l'enfant lui vole l'attention de son entourage alors qu'elle désire être constamment l'unique centre du monde.

Il n'y a aucune place pour un enfant dans sa vie. Elle seule compte.

Le parent toxique peut traiter comme un dieu l'un de ses enfants dans le but de semer la zizanie dans la fratrie et susciter la jalousie entre ses enfants, en raison de leur différence de traitement.

L'amour qu'il éprouve alors pour son « favori » n'est pas du véritable amour, il s'agit d'une technique de manipulation pour s'accaparer l'amour et l'attention de l'enfant chéri tout en humiliant le reste de la fratrie et semer la discorde dans l'esprit de famille.

Un parent toxique peut rendre toxique son conjoint emphatique. Ce dernier est alors « intoxiqué »…

Bien que fondamentalement empathique, ce parent-là deviendra irascible, colérique, violent et ingérable au même titre que son conjoint toxique, car la colère générée et exacerbée par le toxique le ronge de l'intérieur et l'empathique ne parvient plus à s'en extraire.

Dans ce cas précis, le couple toxique-intoxiqué devient carrément insupportable et leur enfant devra les fuir tous les deux dès qu'il en aura l'âge et l'occasion.

# LEURS ENFANTS

## EMPATHIQUE :

Les enfants de deux parents empathiques seront, en général, des enfants empathiques aussi. Sauf s'ils ont un grand-père ou une grand-mère toxique. Dans ce cas, il arrive que la toxicité saute une génération et revienne ensuite parmi certains descendants.
À priori, les enfants d'un couple d'adultes empathiques n'auront pas une morphologie en surpoids et ne souffriront pas d'obésité. L'explication de ce fait se trouve dans le paragraphe suivant sur les enfants de parents toxiques.
Bien entendu, il peut y avoir des exceptions où les enfants de parents empathiques ont un indice de masse corporelle plutôt élevé. La nourriture occidentale actuelle pousse vraiment en ce sens.
Les indications que vous trouvez dans ce livre sont des indices qui peuvent vous mettre la puce à l'oreille pour déceler la toxicité de quelqu'un, mais en aucun cas des vérités absolues et inébranlables.

## TOXIQUE :

Il est fréquent que parmi les enfants d'un parent toxique, il y en ait, au moins, un qui soit obèse. Car le parent toxique adore humilier les personnes plus faibles et vulnérables que lui. Le toxique aimerait aussi humilier ceux qui sont au-dessus de lui, d'un point de vue hiérarchique, toutefois, c'est beaucoup plus risqué et difficile. Ainsi, le parent toxique se rabat sur l'un de ses enfants, voire sur plusieurs.
Il peut s'agir d'humiliation verbale, psychologique ou physique. La gamme est large et les traumatismes sont profonds, d'autant plus quand l'enfant est particulièrement sensible ou hypersensible.
Selon le livre « *Les cinq blessures qui empêchent d'être soi-même* » écrit par Lise Bourbeau, la blessure d'humiliation qui est faite durant l'enfance se traduit par un embonpoint ou de l'obésité qui se manifeste dès l'enfance ou plus tard.
En effet, dans cet ouvrage, Lise Bourbeau constate que les personnes qui ont une corpulence similaire, ont vécu les mêmes blessures durant leur enfance. Selon Lise, il y a cinq blessures émotionnelles différentes qui engendrent cinq corpulences différentes.
Par ailleurs, il est manifestement fréquent qu'un parent toxique engendre un ou plusieurs enfants toxiques dans la fratrie... Cela n'est pas systématique, mais cela arrive régulièrement.
Inné ? Acquis ? Les deux ? La toxicité est plus répandue qu'on ne veut bien l'admettre, malgré son apparente invisibilité car les êtres toxiques sont les champions pour camoufler leur toxicité et paraître empathique.

# ATTIRANCE

## EMPATHIQUE :

Une personne empathique devrait être naturellement attirée par des gens empathiques qui lui ressemblent. C'est bien souvent le cas.
Toutefois, cela dépend de son vécu familial…
En réalité, si un empathique a eu un parent toxique, il va, une fois adulte, s'attirer un ou des amis toxiques et un conjoint toxique. Car l'empathique a toujours connu ce fonctionnement toxique/empathique et il a encore des choses à apprendre de ce type de relation et de personnalité. Il doit s'affirmer, dire non à l'humiliation, non à la violence à son égard et tant d'autres apprentissages que la vie aux côtés des personnes toxiques nous enseigne, par la souffrance.
Par exemple, si vous avez eu une mère toxique, vous allez très certainement vous attirer un patron toxique, un collègue toxique, un conjoint toxique et un ami toxique. Peut-être même aurez-vous un enfant toxique.
Soyez vigilant à cela afin de réagir au mieux et au plus vite si vous êtes dans ce cas précis, en vous éloignant des gens toxiques (changer de patron, de collègue), en reprenant votre pouvoir et en vous préservant de votre parent toxique, frère toxique ou enfant toxique.

## TOXIQUE :

Les personnes toxiques sont irrémédiablement attirées par des gens empathiques. Seule ce genre de personnalité peut les « nourrir » énergétiquement et combler leurs besoins et leurs attentes, toujours insatiables.
Le toxique n'attend rien d'une personne toxique, il est bien placé pour savoir que les toxiques ne donnent rien ou si peu et toujours dans l'attente d'une énorme contrepartie.
Que leurs parents soient empathiques ou toxiques, un toxique va toujours rechercher une personne empathique. Ainsi, il pourra « utiliser » à son propre compte la gentillesse, la générosité, la morale, la sincérité de l'autre. Ce dont les toxiques sont dépourvus.
C'est mathématique, un couple ou un duo de toxiques ne peut tenir que s'il y a, au moins, une personne empathique dans ce groupe. Il peut arriver que deux parents toxiques se maintiennent en couple grâce à leur ou leurs enfants empathiques.

# RÉSISTANCE AU FROID

**EMPATHIQUE :**

Trop froid ou trop chaud, cela épuise et fragilise les personnes empathiques.
Elles sortent les pulls et les écharpes dès que la brise se rafraîchit et que l'automne est là.
En été, les températures élevées les rendent apathiques.
Elles détestent les grands écarts de températures car elles les subissent de plein fouet.
Leur corps y est très sensible.

## TOXIQUE :

Les personnes toxiques ne craignent ni le froid, ni le chaud. Elles sont beaucoup plus résistantes aux grands écarts de températures que la moyenne des gens.
Comme vu précédemment dans le chapitre sur leur corps, les toxiques sont plutôt insensibles aux besoins et conforts de leur propre corps.
Il peut neiger, cela ne les empêchera pas de sortir, même sans manteau.
Le corps des toxiques n'est pas vraiment sensible à ce genre de détail.

# CRISE D'ANGOISSE

## EMPATHIQUE :

Les crises d'angoisse peuvent arriver aux personnes empathiques.
Elles peuvent en subir de temps à autre pour des raisons plus ou moins valables, selon le ressenti et le vécu de chacun.
L'emphatique vit d'autant plus de crises d'angoisse lorsqu'il est « intoxiqué » par la présence, l'humiliation et la violence d'une personne toxique dans son entourage proche.
Une crise d'angoisse n'est pas quelque chose d'anodin, il convient de s'intéresser sérieusement à ce qui cause ce trouble profond, afin d'en supprimer les causes et d'en guérir.
Les personnes empathiques pleurent rarement. Bien sûr, cela peut leur arriver, toutefois elles se cachent pour le faire et se font discrète dans ces moments de fragilité.

**TOXIQUE :**
Les personnes toxiques sont souvent, voire très souvent, victimes de crises d'angoisse.
Tout comme de crises de larmes d'ailleurs.
Toutefois, ces crises de larmes ou d'angoisse surgissent toujours au moment opportun pour le toxique : lorsqu'il est acculé face à son flagrant délit de vol, de mensonge, de tricherie ou de violence, par exemple. Ou quand il est face à un psychologue qui le met au pied du mur de ses erreurs et de ses responsabilités. C'est alors le moment idéal où les personnes toxiques vont paniquer et subir une énième crise d'angoisse.
Ces larmes ou ces crises arrivent toujours à point nommé pour lui éviter d'affronter ses victimes ou de faire face à ses responsabilités. Les crises permettent aussi de le placer au centre de toutes les attentions et de tous les soins, car une personne en proie à une telle crise suscite la compassion. Les personnes empathiques ont envie de prendre soin de la « victime » en pleurs, d'abandonner toutes confrontations pour la rassurer, la consoler.
La personne qui vit une crise d'angoisse ôte à son partenaire la possibilité de lui faire des reproches ou de poursuivre un dialogue constructif. Tout s'arrête et la consolation du toxique en pleurs devient la priorité exclusive du couple ou du groupe.
La crise de larmes ou d'angoisse est donc une technique de manipulation fréquemment utilisée pour les objectifs personnels des personnes toxiques.
Le toxique n'a nullement l'intention de soigner ses crises d'angoisse ni de s'intéresser aux causes qui les déclenchent, car ces crises lui sont bien trop précieuses dans sa recherche de chantage affectif, de manipulation, de fuite et de victimisation.

# CONSENTEMENT

**EMPATHIQUE :**

Le consentement est primordial pour les personnes empathiques. Ceci est la base de tous rapports humains, professionnels ou sexuels.
La personne empathique se renseigne sur ce qu'est le consentement, sur les limites à ne pas dépasser, le temps qu'il faut accorder à son partenaire pour lui laisser tout le loisir de prendre une décision éclairée sur un sujet ou un projet, le fait qu'à tout moment, il peut changer d'avis et se rétracter.
La grande peur des personnes empathiques est de négliger le consentement de son partenaire par mégarde. Cela le blesserait profondément s'il se trompait dans son interprétation de l'accord de son partenaire sexuel ou autre.
Aussi, les personnes empathiques sont très attentives à cela et préfèrent ne pas agir plutôt que de risquer d'outrepasser le consentement d'un partenaire.

## TOXIQUE :

Consent... quoi ? De quoi parlez-vous ?
Dans l'esprit d'une personne toxique, si elle a envie de faire l'amour avec son partenaire, ce dernier en aura aussi certainement envie. C'est une évidence selon la personne toxique.
Le toxique en couple se considère comme faisant « UN » avec l'autre. Ils sont devenus une entité « couple ». Ce qu'il souhaite, l'autre doit l'accepter, c'est cela l'Amour avec un grand A.
Dans un couple, l'autre s'efface au profit du couple (surtout au profit de la personne toxique).
Et si son partenaire n'est pas d'accord, le toxique va le travailler au corps et à l'esprit pour qu'il finisse par céder. Si son compagnon résiste vraiment, le toxique ira chercher un autre partenaire moins récalcitrant, plus souple et soumis à ses envies. Il faut être deux pour « danser une valse toxique ».
Le toxique n'envisage pas d'autres alternatives. Le consentement n'existe pas dans son vocabulaire. Selon la vision du toxique, l'autre est « toujours » consentant à ses envies, ses ordres et ses désirs.
Le toxique aime utiliser l'urgence pour forcer l'autre à consentir à quelque chose qu'il n'aurait pas accepté, s'il avait pris le temps d'y réfléchir. Méfiez-vous donc des décisions prises « dans l'urgence ».

# JALOUSIE

**EMPATHIQUE :**

Oui, les personnes empathiques ressentent de la jalousie certaine fois, quand leur partenaire semble trop proche d'une autre personne ou trop complice avec quelqu'un.
Oui, il leur arrive de faire des crises de jalousie quand leur partenaire regarde trop les filles dans la rue ou quand il séduit d'autres personnes de manière cachée ou ostentatoire.
Bref, l'empathique est jaloux quand la jalousie a lieu d'être, ou quand la personne empathique manque de confiance en elle-même ou en l'autre.
Mais la personne empathique souffre de cet état de jalousie et déteste faire subir à l'autre son manque de confiance en lui, sa peur de l'abandon. Il sait que le problème vient souvent de lui-même et essaie de guérir cela afin d'être plus confiant en l'autre et en la vie.

## TOXIQUE :

La jalousie est le « jeu » préféré des personnes toxiques ! La jalousie est l'argument ultime toujours prêt à être utilisé pour justifier une colère, une crise, une violente dispute ou l'humiliation de son partenaire.
Les personnes toxiques sont, en général, hyper jalouses et possessives. Elles ne laissent pas un seul instant de répit à leur conjoint.
Le toxique scrute tous les regards, les textos, les paroles, les mails de son partenaire afin de s'assurer que ce dernier lui reste entièrement fidèle.
La jalousie est l'argument fondamental pour légitimer l'intrusion dans l'intimité ou dans les courriers privés du partenaire.
En revanche, n'espérez pas d'une personne toxique maladivement jalouse d'être fidèle à son tour ! Cela n'a « rien » à voir !
Elle peut se permettre des infidélités, des « erreurs », de la séduction massive et intempestive envers tout ce qui bouge. Rappelez-vous sa devise : « Faites ce que je dis, pas ce que je fais. »
Et comptez sur la personne toxique pour vous embrouiller le cerveau et ne plus savoir où vous en êtes en ce domaine. Selon elle, vous serez certainement une horrible allumeuse infidèle, alors que vous n'osez même plus regarder quiconque dans les yeux tellement vous êtes terrorisé par la suspicion de votre conjoint toxique.
Lui, en revanche, fait ce qu'il veut.

# POSSESSIVITÉ

**EMPATHIQUE :**

La personne empathique peut être possessive, mais elle sait qu'elle doit raison garder en ce domaine, qu'elle n'est pas dans son droit quand elle empêche son partenaire de vivre sa vie de son côté, de voir d'autres amis, d'avoir des expériences sans son conjoint.
La personne empathique a bien conscience que sa possessivité est une erreur, une faiblesse qui, précisément, peut faire fuir son partenaire.
La personne empathique va essayer d'apaiser ses blessures intérieures qui le font devenir possessif. Elle veut augmenter sa confiance en l'autre et souhaite améliorer sa confiance en elle-même.

## TOXIQUE :

La possessivité de la personne toxique va de pair avec sa jalousie maladive. L'un et l'autre lui permettent de maintenir son partenaire sous son emprise en le coupant de sa famille, de son entourage, de sa ville et parfois même de sa vie professionnelle.
La plus grande peur des personnes toxiques est que son partenaire se rende compte de sa toxicité et que ce dernier ouvre les yeux sur l'emprise qu'il exerce sur lui.
Souvent, cela n'est possible que lorsque la personne empathique peut se confier à d'autres, qu'elle peut expliquer le comportement excessif et exagérément intrusif, voire violent de son conjoint. Sachant cela, la personne toxique va couper son conjoint du reste du monde afin de maintenir son aveuglement le plus longtemps possible.
La possessivité joue donc un rôle capital dans la réalisation de cet objectif.

# LE SOURIRE

## EMPATHIQUE :

La personne empathique rit plus ou moins fort selon les circonstances, l'humour ou la bonne humeur qui règne à un moment donné.

Son sourire est franc, authentique, sincère et ses yeux sont plissés à tel point qu'en masquant sa bouche, on peut tout de même comprendre qu'il sourit, en voyant uniquement son regard.

L'empathique peut éclater de rire ou faire un rire discret en fonction de son caractère ou de la drôlerie de la réplique.

## TOXIQUE :

Concernant le sourire, il y a deux sortes de personnes toxiques.
La première catégorie comporte les toxiques qui ne sourient pas. Purement et simplement, le rire, l'éclat de rire ou même simplement les sourires ne font pas partie de leur répertoire facial.
Ce genre de toxiques est souvent très sérieux, il fait un rictus dénigrant ou malveillant dans certains cas, mais il ne rigole jamais avec cœur et sincérité.
Ils affichent donc très rarement un sourire sur leur visage. Et quand ils rient, leur visage prend plutôt les traits d'une grimace. Comme s'ils se forcent à imiter les autres, sans réellement trouver la blague drôle.
La seconde catégorie de personnes toxiques fonctionne à l'opposé : ils ont presque toujours un sourire planté sur leur visage. Leurs yeux semblent rieurs et malicieux.
À tel point que cela en devient perturbant car ils nous déconcertent avec ce sourire qui intervient à de trop nombreux moments ou lors de moments carrément inappropriés…
Ils sourient de manière imperturbable même lorsqu'ils nous insultent, nous humilient ou nous mentent, voire même lorsqu'ils nous frappent !
L'esprit critique de leur victime est alors complètement brouillé. En effet, comment se méfier ou repousser une personne qui semble si amicale et sympathique envers nous grâce à son sourire presque irrésistible ?

# VIOLENCE

## EMPATHIQUE :

La personne empathique déteste la violence. Elle évitera autant que possible de se battre et retardera ce moment au maximum si quelqu'un la menace physiquement. Elle cherchera toujours à parlementer, comprendre et apaiser les tensions.

La personne empathique a horreur de voir la violence, que ce soit dans un film ou dans un jeu vidéo. Plus encore quand cette violence se passe dans la vie réelle.

Par conséquent, la personne empathique n'est pas un très bon combattant. L'empathique ne s'est jamais entraîné et fuit dès qu'il est en présence d'acte ou de personne violente.

Dans un cas extrême, il préférera faire appel à quelqu'un d'autre pour y recourir. Par exemple, pour arrêter deux personnes qui se battent en rue, il appellera un policier plutôt que d'intervenir lui-même.

## TOXIQUE :

La personne toxique se nourrit de violence. Cela la met en joie, lui redonne de l'énergie. Qu'il s'agisse de violence physique, psychologique ou verbale, tout est bon à prendre selon lui.
Les spectacles violents l'amusent, lui apportent beaucoup de satisfaction, voire de plaisir. D'où le penchant naturel des personnes toxiques pour les rapports sadomasochistes.
Il aime faire mal aux autres, il se repait de leur souffrance. Et il est prêt, par conséquent, à avoir mal lui aussi en se battant, par exemple. Ce risque fait partie du jeu.
Autant la personne empathique fuit la violence, autant la personne toxique la suscite, l'attise, la recherche en permanence, cela la nourrit.

# SEXUALITÉ

## EMPATHIQUE :

Pour les personnes empathiques, la sexualité est une activité qui se partage à deux (ou à plusieurs selon les préférences de chacun). Dans tous les cas, il s'agit d'un moment de complicité et de douceur pour tous les adultes consentants qui y prennent part.
Les personnes empathiques qui aiment la sexualité masochiste, devraient peut-être prendre soin de leur blessure « d'humiliation » acquise durant leur enfance ?
Peut-être ont-ils eu un parent toxique qui leur a fait croire qu'ils ne valaient rien et qu'ils n'avaient pas droit au plaisir ?

## TOXIQUE :

Pour les personnes toxiques, la sexualité est une activité qui leur fournit une jouissance de l'autre, par l'autre.
Leurs jeux préférés ? Le sadomasochisme où ils jouent le rôle du sadique, évidemment.
Dans leur conception des choses, la sexualité n'existe que pour dominer l'autre.
L'orgasme est d'autant plus grand quand le toxique est celui qui mène les opérations (le choix des pratiques, du lieu, du moment, des positions, de la cadence). L'autre « est » un objet qui lui permet de satisfaire toutes ses pulsions, ses désirs, ses envies.
De plus, comme la sexualité est quelque chose de privé qui permet une grande variété de goûts et d'orientations, les toxiques peuvent laisser libre court à leurs pulsions animales, violentes, voire perverses.
Personne ne doit rien savoir, il suffit juste que son partenaire sexuel soit d'accord. Or le toxique s'arrange toujours pour le convaincre d'une manière ou d'une autre : en usant d'une insistance inépuisable, de manipulation émotionnelle, d'humiliation, de mépris ou de déni de son refus…
Le conjoint d'une personne toxique se verra obligé d'accepter ses conditions et requêtes sexuelles. Après tout, il est là pour son seul plaisir, et cela fait partie du « devoir conjugal ».

## SEXUALITÉ À PLUSIEURS

**EMPATHIQUE :**

La sexualité à plusieurs peut faire partie de la vie et de l'envie de certaines personnes empathiques.
Mais cela se met toujours en place après de longues discussions et une envie commune pour ces actes. L'empathique veut s'assurer que ce désir émane des deux partenaires.

## TOXIQUE :

Voilà un domaine qui peut être très important pour les personnes toxiques.
Les partouzes, l'échangisme, le voyeurisme, le libertinage… Plus il y a de gens qui peuvent se rajouter dans la sphère de séduction sexuelle d'un toxique, plus sa jouissance sera grande.
Et si le partenaire d'un toxique n'est pas friand de ce genre de pratiques à plusieurs, le toxique parviendra aisément à l'en persuader. Ils sont les champions pour arriver à leurs fins !
C'est d'ailleurs d'autant plus jouissif lorsqu'un conjoint refusait ce genre de sexualité partagée et qu'il finit par accepter pour faire « plaisir » à son compagnon (toxique). La victoire du toxique est alors doublée, triplée ! Car il a réussi à convaincre son partenaire qui a été au-delà de ses propres envies uniquement pour lui plaire. Le toxique jouit de son emprise sur toutes autres personnes.
Pour le toxique, le libre arbitre est une vaste blague (sauf le sien, évidemment).
Dans certains cas, sa jouissance est extrême lorsque, grâce à lui, son partenaire s'offre sexuellement à d'autres personnes, sous le contrôle de son regard lubrique et avec le consentement exclusif du partenaire toxique.
En revanche, si le conjoint maintient son refus de faire l'amour avec d'autres alors que le toxique insiste pour

qu'il le fasse, le toxique pourrait même glisser un somnifère en cachette dans sa boisson. Une fois le partenaire réticent endormi, le toxique pourra offrir les « services sexuels » de son conjoint aux personnes qui sont prêtes à payer pour cela. Le toxique gardera bien sûr cela secret et l'argent lui reviendra. Tant pis pour son partenaire, il n'avait qu'à accepter de son plein gré, se persuade-t-il.

La personne toxique estime qu'elle a fourni tout le travail pour arriver là où son partenaire aurait dû aller de lui-même !

# PORNOGRAPHIE

**EMPATHIQUE :**

Si une personne empathique regarde des films pornos, il en fera une utilisation strictement personnelle et privée (ou en couple si les deux adultes sont consentants). Jamais il ne montrerait ce genre de films ou de photos à d'autres personnes qu'à son partenaire sexuel.

## TOXIQUE :

Ah la pornographie, c'est toute la vie des personnes toxiques !
Pour la plupart, ils ont découvert ce genre de films très tôt dans leur vie (via un parent, un ami ou un frère toxique ?).
Et depuis, la pornographie ne les a plus jamais quittés. Au contraire, sa présence au quotidien s'est même intensifiée…
Pour le satisfaire, le toxique a besoin d'une dose pornographique de plus en plus fréquente, de scénarios de plus en plus osés et violents. Et il n'a aucune envie d'arrêter.
Ces femmes-objets qui sont le jouet d'un ou de plusieurs partenaires durant des heures, dans des positions les plus abracadabrantes, voilà la véritable sexualité selon la personne toxique.
Cet univers machiste où les hommes et leur membre viril sont le centre du monde, est stimulant à observer. L'humiliation dans le scénario autant que l'humiliation réellement subie par les actrices pornos plait outre mesure aux spectateurs toxiques. Les personnes toxiques sont, encore une fois, les dominants dans cette affaire.
Ce qui amuse/excite énormément les toxiques ? Faire découvrir ce genre d'images choquantes et humiliantes à quelqu'un qui n'en avait encore jamais vues. Plus le

spectateur novice sera jeune, mieux ce sera pour la satisfaction personnelle du toxique. Ce dernier est fier de faire découvrir ce genre de films à des personnes qui ignoraient l'existence de pareilles images, de pareilles pratiques, de pareilles anatomies.

Le toxique pense être une sorte de « professeur » qui estime que la sexualité doit passer par la pornographie. Il rit en voyant le visage du novice se décomposer pendant qu'il visionne son premier film porno.

Il s'agit pourtant là d'un lourd traumatisme pour la victime obligée d'observer des scènes choquantes alors qu'il n'était ni prêt ni désireux d'expérimenter ce genre de films.

Il est fréquent aussi que la personne toxique soit exhibitionniste. Le toxique aime exposer sa nudité, en particulier devant des gens qui en seront choqués, dérangés, tels que des enfants, des adolescents ou des invités.

# HARCÈLEMENT

## EMPATHIQUE :

Les gens empathiques ont tellement d'autres choses à faire de leur quotidien, ils ont tellement de passions qui les intéressent et de projets personnels à réaliser qu'ils n'ont ni le temps ni le désir d'harceler quelqu'un, que ce soit par amour (pour rester en permanence en contact avec son partenaire) ou par haine (pour harceler quelqu'un qu'il n'apprécie pas).
Un empathique peut être influencé par un harceleur qui l'incite à humilier ou à assister à l'humiliation de quelqu'un d'autre, par faiblesse, par bêtise ou par peur. Mais en réalité, l'empathique souhaite que tout le monde s'entende bien et qu'il n'y ait pas de bouc émissaire dans un groupe.
Si le harceleur exagère ou prolonge trop longtemps son harcèlement, l'empathique va naturellement se détourner de lui et éviter de prendre part à ces séances d'humiliation collective.

## TOXIQUE :

La personne toxique a le temps. Elle prend tout le temps nécessaire pour venir à bout des résistances de la ou des personnes empathiques qu'elle a envie de « posséder » ou de « détruire ».
Car le toxique est un prédateur pour sa ou ses victimes. Tel le chat, il peut rester à l'affût des moindre faits et gestes de sa proie pendant des heures, des jours.
En tout cas, le toxique ne compte pas le temps qu'il passe à tisser les mailles du filet autour de sa ou ses futures victimes.
La personne toxique ne lâche rien, elle envoie des messages, des mails, des coups de téléphone, des commentaires sous les photos des gens dont elle attend quelque chose en retour.
Le toxique traque littéralement son partenaire ou son adversaire. Il veut constamment demeurer dans l'esprit et l'attention de la personne qu'il convoite ou qu'il veut éliminer.
La plupart des harceleurs à l'école, au travail ou dans la vie, sont assurément des personnes toxiques.

# CADEAU

**EMPATHIQUE :**

La personne empathique donne des cadeaux pour des occasions bien précises : anniversaire, fête, mariage, Saint Valentin, réussite d'un projet professionnel…
Il n'y a là rien d'excessif ni de disproportionné.

**TOXIQUE :**

La personne toxique aime « utiliser » les cadeaux pour amadouer sa victime. Avec ou sans raison, le toxique couvrira de présents son conjoint ou autre. Il peut en donner trop, trop souvent et d'une valeur trop élevée.
Il peut inonder son partenaire de cadeaux, de fleurs, de mots doux ou de flatteries. Ainsi son partenaire se sent redevable de tant de gentillesse et d'attention.
Les cadeaux permettent de se faire pardonner pour la conduite violente, humiliante ou intolérable que le toxique aurait eue. Cela est bien pratique : comment rester fâché contre quelqu'un qui vient les bras chargés de cadeaux ? Politesse oblige.
Le fait de donner un ou des cadeaux assure aussi à la personne toxique que son partenaire lui sera redevable, soit de lui donner des présents en retour, soit d'accepter ses futures requêtes qu'importe le domaine. Son partenaire a une dette envers lui pour le remercier de tous les cadeaux reçus.

# MARIAGE

**EMPATHIQUE :**

En général, les personnes empathiques ne sont pas pressées de se marier, ni de se fiancer.
Elles veulent d'abord s'assurer que cette nouvelle relation soit saine et durable.
Les empathiques souhaitent se sentir en confiance quant à la compatibilité des deux partenaires et sur leur vision commune de la vie.
Ainsi, rien ne les pousse à vouloir se fixer « définitivement » par les liens d'un contrat de mariage. Cela viendra quand les deux partenaires seront prêts, qu'ils se connaîtront parfaitement et qu'ils auront des projets en commun.

## TOXIQUE :

Il y a deux attitudes très fréquentes chez les personnes toxiques :
Soit le toxique ne se mariera jamais, car il refuse d'être « limité » à une seule relation.
Soit il se mariera très rapidement, car il veut s'assurer la fidélité et l'exclusivité de son partenaire. Dans ce cas-là, bien souvent, une grossesse se mettra en place dès les premiers mois de relation amoureuse : le contrat de mariage et l'enfant lient les deux conjoints de manière durable et toute séparation devient difficile, chère et lourde à mettre en place.
En outre, le statut d'épouse ou de mari tient éloigné les nouvelles relations, les séducteurs et les tentations de relations amoureuses ou sexuelles. Le mariage légitime une fidélité et une exclusivité totale à son conjoint.
Tous ces atouts sont très recherchés par la personne toxique qui veut s'accaparer l'attention et l'affection de son partenaire.
Alors, si votre nouvelle relation vous demande en mariage avant la première année ou si elle vous annonce une grossesse alors que vous êtes à peine en couple...
Méfiez-vous et réfléchissez-y à deux fois avant de vous engager pour longtemps.
De nos jours, le mariage étant moins fréquent qu'auparavant, la personne toxique va plutôt accélérer la

cohabitation avec son nouveau partenaire. Cohabiter étant la façon plus actuelle de sceller les liens d'un couple de manière officielle.

Là aussi, pesez-bien le pour et le contre avant d'accéder à la demande de votre nouvel amoureux lorsqu'il souhaite emménager chez vous, ou que vous habitiez chez lui...

Une fois le déménagement fait, vous perdez votre pied-à-terre et si votre relation se révèle toxique, il vous sera encore plus compliqué d'y mettre un terme. Et si c'est la personne toxique qui vient vivre chez vous, je vous souhaite bien du courage pour la mettre dehors tant qu'elle n'en aura pas envie.

# HIÉRARCHIE

**EMPATHIQUE :**

    Selon la personne empathique, certaine société ou groupe fonctionne en hiérarchie. C'est malheureux mais, a priori, inévitable. L'idéal de la personne empathique serait une société où tous les individus sont sur le même pied d'égalité. Où tout le monde peut donner son avis et être écouté. Où chacun possède la même richesse et la même valeur. Tout le monde mérite un logement, un jardin pour y faire son potager, un travail qui l'épanouit, une vie décente et libre.
La personne empathique sait obéir à son supérieur (patron, parent, professeur) tant que celui-ci donne des ordres légitimes et sensés. Sinon, il remettra son pouvoir en question et fera entendre ses remarques.

## TOXIQUE :

La hiérarchie ? Il s'agit du fondement de notre société, selon la personne toxique.
Le toxique cherche toujours et à tous prix à être au sommet de toute pyramide. C'est une question de vie ou de mort pour lui. S'il n'est pas dominant, alors il se croit être dominé.
Et s'il est dominé, alors il pourrait en mourir car il est persuadé que celui qui domine agira comme bon lui semble et qu'il en pâtira d'une manière ou d'une autre.
Le toxique ne conçoit pas de rapport humain d'égal à égal.
Selon lui, il y a toujours un faible qui obéit au fort, un pauvre qui se soumet au riche, un jeune qui doit le respect et l'obéissance à son aîné…

# FILM

## EMPATHIQUE :

La personne empathique aime regarder des films qui l'élèvent par leur beauté, leur sensibilité, leur tristesse parfois. Mais de préférence avec une fin heureuse, avec une morale positive et de la justice (à la fin de l'histoire, le « méchant » paie pour ses fautes et il est mis hors d'état de nuire).

L'empathique évite les films d'horreur, les films violents ou gores car cette ambiance malsaine le met véritablement mal à l'aise et il en fait des cauchemars par la suite.

Il peut se forcer pour accompagner un proche qui, lui, adore les films plus violents ou anxiogènes mais il ne choisira pas cette option de lui-même.

## TOXIQUE :

La personne toxique adore regarder des films, surtout si elle est accompagnée.
Son genre favori : les films d'horreur ! La peur nourrit le toxique autant que la violence le fait.
Le toxique aime ressentir les basses vibrations énergétiques des gens qui visionnent le film à côté de lui.
Les films gores, violents, voire ultra-violents le régalent aussi. Il est satisfait quand il voit des gens se faire torturer et égorger alors qu'il est lui-même totalement préservé de ces terribles châtiments.
Les victimes, elles, le comblent de bien-être quand elles hurlent et qu'elles sont proches de la mort.
Le toxique adore « initier » les novices en la matière. Rien de tel que de faire visionner un film d'horreur à quelqu'un qui n'en a pas l'habitude, surtout si ce dernier rejette d'ordinaire ce genre de film.
S'il doit insister longtemps et lourdement pour que son compagnon accepte de regarder un film gore en sa compagnie, le toxique n'hésitera pas à le faire. Le jeu en vaut la chandelle, le toxique gagnera sur toute la ligne !

## TATOUAGE ET CHIRURGIE

## EMPATHIQUE :

**En général,** les personnes empathiques n'ont pas de tatouage. Ou alors quelques-uns, car cela leur fait vraiment mal au moment de les réaliser !
Bien entendu, il existe des exceptions et une personne empathique peut avoir plusieurs tatouages toutefois c'est assez rare.

## TOXIQUE :

Il est fréquent que les personnes toxiques soient tatouées. Souvent, ils raffolent des tatouages et des piercings. En réaliser des nouveaux est comme une drogue pour eux.
Dès que la personne toxique a effectué son premier tatouage, il aura bien du mal à s'arrêter.
Bientôt, il aura beaucoup de tatouages visibles ou cachés. Accompagnés de piercings, ce sera encore mieux, selon lui.
La douleur n'a aucune importance, l'essentiel est d'être en tout point impeccable et conforme aux normes esthétiques de la société moderne.
Les toxiques n'écoutent pas les besoins de leur corps.
Pour atteindre leur idéal de beauté, ils sont prêts à payer toutes les opérations chirurgicales nécessaires. Leur propre corps est un objet entre leurs mains et il subira ce qu'il faut pour être parfait. L'important est d'être beau, séduisant, envoûtant !
Oui, cela fait mal. Et alors ? Oui, tous ces soins coûtent une fortune. Tant pis. L'apparence d'un toxique est une priorité s'il veut conquérir l'amour de sa vie et le garder en son pouvoir pendant les années à venir, malgré une rude concurrence.
Grâce à ce corps idéal, le toxique devient le centre d'intérêt des réseaux sociaux. Il sera admiré et « suivi » par d'innombrables fans qui le trouvent parfait.

## LA NOURRITURE

**EMPATHIQUE :**

En général, la personne empathique a un rapport plutôt sain et équilibré avec l'alimentation. Exceptés les empathiques en surpoids qui n'arrivent pas à « digérer » la blessure émotionnelle d'humiliation reçue par un parent toxique durant leur enfance.
L'empathique est un minimum attentif aux besoins de son corps : il essaie de manger des repas équilibrés, variés et de qualité.
Bien sûr, il y a des exceptions, et l'empathique peut « craquer » pour des sucreries, un fast-food de temps à autre, par gourmandise, par paresse, par manque de moyen financier ou par manque de temps.
Mais cela reste plutôt rare et il finit souvent par le regretter et culpabiliser d'avoir cédé à la tentation…

## TOXIQUE :

Il y a deux sortes de comportements alimentaires chez les personnes toxiques.
Soit, ils cèdent sans cesse à la tentation de manger, peu importe les aliments, le moment ou le prix.
Soit, ils n'écoutent absolument pas les besoins de leurs corps. Leur corps devra crier famine et tenailler leur estomac pour qu'ils daignent prendre un moment pour le nourrir. Et ce repas sera simple et rapidement expédié.
Car le toxique a toujours mieux à faire de sa vie que de se préparer à manger ou même de manger !
Un bol de céréales à toutes heures de la journée fera l'affaire. Ou des boîtes de thon. Ou des pâtes sans sauce.
Ils sont capables de ne manger que des nouilles chinoises déshydratées arrosées d'eau bouillante pendant dix ans ou du riz blanc à chaque repas. La monotonie alimentaire ne les dérange pas du tout. Quelle importance ?
Ils peuvent aussi acheter des dizaines de conserves de lentilles ou de spaghettis à la sauce tomate qu'ils prendront (ou pas) la peine de réchauffer au micro-onde. Ainsi, ils en ont souvent un stock impressionnant dans leur placard.
L'idéal pour une personne toxique est de trouver un compagnon ou une compagne qui s'occupera de le nourrir car, franchement, il ne voit aucun intérêt à concocter un bon petit plat.

Néanmoins, il existe aussi des toxiques qui font excellemment bien la cuisine. Ils visent la perfection à chacun de leur plat pour augmenter leur prestige social.

Ils s'attirent alors les félicitations et l'attention des convives. Ainsi, leur besoin de contrôle et d'être au centre de l'attention est comblé.

Dans ce cas, ils détestent « partager » leurs secrets de cuisine et les gardent jalousement pour eux, ne les enseignant même pas à leurs enfants. Ceux-ci, par conséquent, seront obligés de venir les voir pour goûter aux plats mythiques de leur enfance.

# LA SOCIÉTÉ

**EMPATHIQUE :**

    Il y a une majorité de gens empathiques sur la planète Terre.
Pour preuve, l'opinion publique est toujours morale, juste, soucieuse du bien-être des plus faibles et à la recherche d'un équilibre et de l'harmonie entre les peuples et la nature.
Si nous étions sur une planète où la majorité des habitants étaient toxiques, la balance serait inversée et l'opinion publique privilégierait l'égocentrisme, la loi du plus fort et le chacun pour soi. Or ce n'est pas le cas.
D'ailleurs, pour justifier et légitimer une guerre contre un autre peuple, tout gouvernement est obligé de fournir (ou de fabriquer) des arguments diabolisant leurs ennemis, les rendant coupables des pires crimes et atrocités. Sans cela, l'opinion publique refuserait catégoriquement d'aller se battre ou de coloniser d'autres pays.

## TOXIQUE :

Malgré l'opinion publique empathique qui règne sur Terre, nous pourrions nous demander pourquoi tant d'injustices, d'égocentrismes, de guerres et de misères sont visibles ici et partout ?
La raison en est simple : le peuple est majoritairement empathique et l'élite (gouvernement, roi, dictateur…) est majoritairement toxique.
C'est normal, comme nous l'avons vu tout au long de ce livre, les personnes toxiques ont un besoin viscéral de tout contrôler, de gouverner les autres et d'être en haut de la hiérarchie. De plus, ils ont une conception mégalomaniaque de leur propre valeur, tout en n'ayant aucune empathie pour les autres. Ces caractéristiques sont de véritables atouts dans la course à la fortune, à la gloire et au pouvoir.
Les toxiques sans pitié et obsédés par leur propre réussite obtiennent bien souvent le poste ou l'objectif convoité.
Ainsi, cette minorité toxique « intoxique » tous les êtres de la planète. Et, derrière une apparence de justice, de liberté, d'égalité et de fraternité, notre société nous démontre quotidiennement exactement le contraire.
La solution viendra le jour où nous comprendrons, enfin, leurs comportements toxiques, que nous cesserons de leur trouver des excuses et que nous leur retirerons **tous** les pouvoirs que nous leur confions dans tous les domaines, afin de remettre les pouvoirs de décisions et d'actions entre nos propres mains.
Un très gros challenge qu'il devient urgent d'entreprendre.

## VOIR QUELQU'UN QUI TOMBE

**EMPATHIQUE :**

Voici la réaction naturelle d'une personne empathique lorsqu'elle voit quelqu'un tomber dans la rue ou ailleurs (qu'elle connaisse ou non cette personne) :
« Oh… Vous ne vous êtes pas fait mal ? Tout va bien ? Attendez, je vais vous aider à vous relever. »

## TOXIQUE :

Voici la réaction naturelle d'une personne toxique lorsqu'elle voit quelqu'un tomber dans la rue ou ailleurs (qu'elle connaisse ou non cette personne) :
« Ah ah ah ! Comment il s'est éclaté la gueule ! »
Cette situation fera beaucoup rire une personne toxique et il ne lui viendra jamais à l'idée d'aller aider cette personne à se relever ou à s'inquiéter sur son état ou sa douleur.
De plus, si la personne toxique peut éclater d'un rire sonore en montrant du doigt la personne qui vient de tomber, elle ne s'en privera pas, bien au contraire.
Le toxique sera enchanté de rajouter de l'humiliation à la douleur d'une chute.

# VIOL

**EMPATHIQUE :**

Comme décrit plus haut, dans le chapitre sur le consentement, la personne empathique fera tout pour demander et respecter le consentement des autres.
S'il n'est pas certain d'avoir obtenu un accord, l'empathique préférera s'abstenir plutôt que de risquer d'aller à l'encontre du désir de quelqu'un.

## TOXIQUE :

　　Parmi les violeurs, une grande majorité sont des personnes toxiques.
En effet, il n'est pas rare qu'un toxique soit, un jour, accusé de viol, d'agression sexuelle ou d'harcèlement...
Pourquoi ? Car le toxique ne parvient pas facilement à comprendre/accepter/demander le consentement de l'autre, ni pour un acte sexuel, ni dans tout autre domaine.
La personne toxique est persuadée que si elle éprouve du désir et de l'attirance pour quelqu'un, ce quelqu'un éprouve la même chose qu'elle.
Quand le toxique a conscience que la personne qu'il convoite se refuse à lui, il éprouvera du plaisir à la faire souffrir.

# MYTHOLOGIE DES ORIGINES

## EMPATHIQUE :

L'Histoire de l'origine des êtres empathiques <u>pourrait</u> être ce récit :

*Sur une planète bleue, perdue au milieu d'un système solaire, la vie ne demandait qu'à apparaître...*
*Cette planète s'appelait Gaya. Elle était l'Amour incarné et elle aimait tellement la Vie qu'elle s'offrit d'accueillir en son sein les êtres qui désiraient grandir et évoluer en conscience.*
*Ainsi, les conditions propices à l'émergence de cette vie se rassemblèrent pour permettre à cette dernière de naître et de croître en harmonie avec la nature et le cycle des saisons.*
*Cette puissance de vie se manifesta sous toutes formes d'espèces vivantes, de la plus minuscule à la plus gigantesque. Car sur Gaya, la place et la nourriture ne manquaient jamais.*
*Lentement, l'évolution permit aux Humains d'apparaître sur la Terre.*
*À l'instar des graines portées par le vent, les Humains furent disséminés sur toute la surface du globe, des pôles les plus froids aux forêts les plus équatoriales. Partout la planète offrait de l'eau, des abris et de la nourriture en abondance.*

*Les êtres humains étant des mammifères, l'Amour et l'affection étaient innés. Car il faut de l'amour, de la tendresse et de l'affection pour s'occuper d'un nourrisson incapable de pourvoir à ses besoins les plus primaires avant de nombreuses années. Sans cet Amour incommensurable, l'espèce humaine n'aurait pu prospérer.*
*Cette capacité empathique faisait partie intégrante des attributs de l'âme et du corps des humains. Elle était vitale et incompressible.*
*Mais bientôt les humains désireux de poursuivre leur évolution de conscience furent prêts à commencer ce qui serait leur plus grande épreuve : rencontrer les êtres toxiques qui seraient leur parfait opposé.*
*Cette future rencontre leur apprendrait à s'affirmer dans leur décision, à reprendre leur pouvoir personnel qu'ils craignaient de garder en eux et préféraient confier à un pouvoir extérieur à eux-mêmes.*
*Le temps était venu où ils apprendraient à dépasser le contraire de l'Amour : la peur.*

## TOXIQUE :

L'Histoire de l'origine des êtres toxiques <u>pourrait</u> être ce récit :

> *De merveilleux êtres humains habitaient la planète bleue qu'ils avaient dénommée « Gaya ».*
> *Un jour fort lointain de leur Histoire, des êtres venus de la galaxie eurent vent des conditions idéales de vie sur la planète Gaya et des richesses illimitées d'or, de pierres précieuses, de nourriture et d'espèces vivantes qu'elle abritait.*
> *Avides de se servir, eux aussi, de cette abondance, des êtres reptiliens issus d'une planète qu'ils avaient rendue sèche, vide et aride par leur mauvaise gestion de l'équilibre naturel, décidèrent de partir à la conquête de ce joyau bleu.*
> *Ces êtres humanoïdes descendants des peuples de reptiles (la branche des serpents et des dinosaures qui n'avaient pas péri en raison d'un cataclysme comme ce fut le cas sur Gaya, mais qui avaient pu poursuivre leur lente et constante évolution) étaient dotés d'un caractère glacial en concordance avec leur sang froid, d'un manque total d'empathie en raison de leur reproduction ovipare dénuée d'instinct maternel et d'affection.*

*Ils étaient auto-centrés et d'un égocentrisme intrinsèque doté, la plupart du temps, de mégalomanie et d'une ambition personnelle au-delà de toute mesure.*
*Quand ils arrivèrent sur Gaya, ils considérèrent le peuple humain autochtone comme une source de bétail idéale pour les travaux manuels et d'envergures. Ces êtres d'une gentillesse aussi incompréhensible qu'incroyable accueillirent leurs colons avec bienveillance et fascination.*
*Bien mal leur en pris, les humains venaient d'ouvrir leurs cœurs et leurs maisons à leurs futurs bourreaux. Les reptiliens dotés d'une intelligence hors-norme dénuée de toute empathie observèrent et analysèrent les mœurs et habitudes de l'humanité qui croissait sur Gaya. Cela leur permit d'en devenir les maîtres incontestés qui s'offrirent le rôle d'empereurs, de rois, voire de dieux.*
*Les humains obéirent d'abord par gentillesse, ensuite par peur des représailles et des colères terribles que leur infligeaient les êtres reptiliens.*
*Excellant dans la technologie, les reptiliens possédaient donc des vaisseaux anti-gravitationnels capables de les emmener d'une planète à l'autre, et d'une galaxie à une autre. Étant dotés d'une longévité inhabituelle par rapport à la durée de vie des humains sur Gaya, ces colons eurent le temps de traverser les époques et les siècles en demeurant de plus en plus cachés car les humains, eux, ne resteraient pas dupes ni dociles éternellement.*
*Les colons maîtrisaient en outre la biologie et la génétique. Ainsi, ils parvinrent à se façonner des « avatars » : des corps semblables à ceux des autochtones de la planète Gaya. Ce qui facilita leur existence physique sur cette terre, grâce à un corps*

*parfaitement adapté à l'oxygène, la gravité et les aliments que leurs offrait cette atmosphère particulière.*
*À présent, ils pouvaient passer inaperçus parmi le peuple humain. Car des différences physiques trop visibles, tels qu'un visage et une peau de serpent ou un crâne très allongé, leur feraient perdre, à la longue, leur statut de dominant et susciteraient de la méfiance suivi d'une rébellion.*
*Avec le temps, certains reptiliens dans leur peau d'avatar furent séduits par la beauté des femmes et des hommes humains dont ils avaient maintenant l'apparence.*
*De leurs unions naquirent une toute nouvelle espèce d'être humain : les toxiques.*
*Si, vus de l'extérieur, ils possédaient l'aspect et les attributs des humains, en revanche, leur âme égocentrique, demeurait dépourvue de la moindre once d'empathie et de sensibilité.*
*Ainsi commença le règne caché et discret des pervers narcissiques dissimulés derrière une parfaite anatomie humaine.*
*Mais la supercherie ne durerait pas éternellement, les véritables humains étaient en train de comprendre le piège dans lequel leurs colons les maintenaient depuis des éons.*
*La fin du règne des toxiques avait sonné.*

**DANS LA COLLECTION « QUI SUIS-JE ? » :**

Introverti - Extraverti

Hypersensible - Hyposensible

Asexuel - Sexuel

Polyamoureux - Exclusif

## AUTRES OUVRAGES DE L'AUTEUR :
### Autres parutions du même auteur :

Le dernier conte
— *Be Light Editions*

La licorne de Nazareth
— *BOD Editions*

L'éveil de la rose : En quête d'une sexualité consciente.
— *BOD Editions*

La sirène abyssale
— *Amazon Editions*

Jack l'Éventreur n'est pas un homme
— *BOD Editions*

Framboise et volupté
— *Stellamaris Editions*

Mon cahier de Mantras à colorier
— *BOD Editions*

D'Homo Sapiens à Homo Deus : Comment finaliser l'évolution de l'humain ?
— *BOD Editions*

Le petit livre des Mantras à murmurer
— *BOD Editions*

Narcisse versus Lollaloca
— *Amazon Editions*